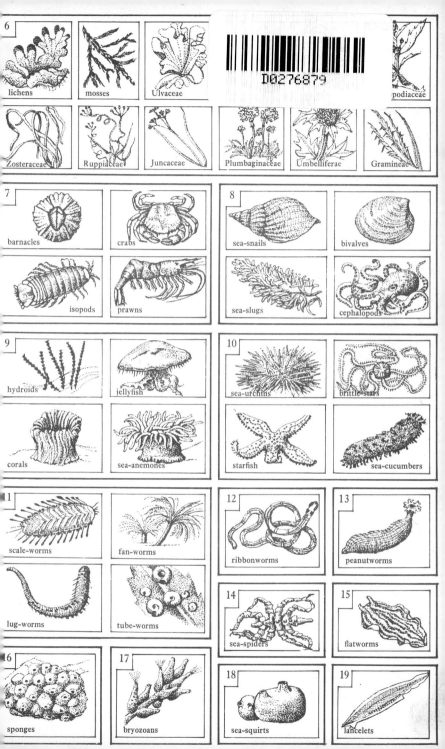

6
lichens

mosses

Ulvaceae

...podiaceae

Zosteraceae

Ruppiaceae

Juncaceae

Plumbaginaceae

Umbelliferae

Gramineae

7
barnacles

crabs

isopods

prawns

8
sea-snails

bivalves

sea-slugs

cephalopods

9
hydroids

jellyfish

corals

sea-anemones

10
sea-urchins

brittle-stars

starfish

sea-cucumbers

11
scale-worms

fan-worms

lug-worms

tube-worms

12
ribbonworms

13
peanutworms

14
sea-spiders

15
flatworms

16
sponges

17
bryozoans

18
sea-squirts

19
lancelets